AF267959

Eug. COURMEAUX

EX-BIBLIOTHÉCAIRE DE REIMS

RÉPUBLIQUE

OU

ROYAUTÉ

LETTRE

à M. le Rédacteur du journal LA CHAMPAGNE

Prix : 50 centimes

REIMS

CHEZ TOUS LES LIBRAIRES

1871

EUG. COURMEAUX

EX-BIBLIOTHÉCAIRE DE REIMS

RÉPUBLIQUE

OU

ROYAUTÉ

LETTRE

à M. le Rédacteur du journal LA CHAMPAGNE

REIMS

CHEZ TOUS LES LIBRAIRES

—

1871

RÉPUBLIQUE

ou

ROYAUTÉ

Reims, 10 Octobre 1871.

Monsieur le Rédacteur en chef
de *la Champagne*,

Le diapason auquel est montée votre
rédaction rend toute polémique avec elle
un peu scabreuse. On hésite à aborder
la discussion quand le contradicteur y
met tant de poivre de Cayenne et de
piment *Veuillotin*. De plus, si les questions, pour ainsi dire dogmatiques, ou
simplement doctrinales, si vous l'aimez
mieux, ont le privilége d'intéresser quelques esprits prédisposés par leurs études
à ce genre de controverses, elles ennuient
souverainement, je crois, la masse des
lecteurs, dans les camps les plus oppo-
sés. Mais comme votre dernier numéro

(Mardi 10 Octobre, 2me page, 4me colonne) contient sous les initiales L. P. un article plus fortement raisonné que tout ce que j'ai rencontré dans votre feuille depuis que je me crois tenu de la lire, je vous demande la permission de vous adresser une réponse qui n'a qu'un but, éclairer la discussion que vous avez soulevée.

Selon vous, comme selon moi, les élections qui viennent d'avoir lieu ont *dû se faire sur le terrain politique*. Vous n'avez pas (Dieu merci !) dissimulé votre bannière, pas plus que je n'ai caché la mienne. En ceci, ni vous, ni moi, nous n'aurons encouru le reproche de duplicité ou d'équivoque que tout esprit juste est en droit d'adresser à quelques journaux hybrides, louches, obliques, *ni chair ni poisson*, qui, trop souvent, servent à leurs abonnés je ne sais quels mets *arlequins*, indéfinissables mixtures, lesquelles, après analyse, se

refusent à toute classification, en dépit
du talent, parfois très-réel, qu'on dé-
pense à les amalgamer. Ceux-là — gens
d'ordre, à ce qu'ils disent ! — passent
leur temps à crier (dans le désert) :

Je suis oiseau : voyez mes ailes !
Je suis souris : vivent les rats !

Avec vous, au moins, les situations
sont nettes : j'aime cela ! Voyons si la
discussion est aussi franche. Je ne vous
écris pas pour vous convaincre. Je ne
suis pas si candide ! Je sais hélas ! que
nous ne pouvons nous entendre. A qui
la faute ? Ni à vous, ni à moi. L'*antagonisme* des idées est la loi *fatale* de l'humanité, formulée par celui dont on a dit
il y a déjà bien des siècles :

Et mundum tradidit disputationibus !

Donc je vous écris simplement pour
riposter à un coup sérieux qui en vaut la
peine.

Vous m'avez *entrepris* sur la thèse de

la République au-dessus des majorités.
Vous savez aussi bien que moi que c'est
là une thèse de *pure philosophie politique*,
très-fondée, d'ailleurs, selon moi, très-
fausse selon vous. Vous vous en êtes
emparé comme d'une arme de combat,
c'était votre droit, et, j'ajouterai même,
c'était de bonne guerre. Vous me ren-
drez cette justice que, pressé par vous,
je n'ai pas capitulé et qu'au moment du
danger, c'est-à-dire de la lutte électo-
rale, je n'ai pas replié mon pavillon.

Discutons maintenant ce qui nous sépare.

Vous paraissez d'accord avec moi pour
reconnaître que, dans toute société civi-
lisée, il y a des principes qui doivent être
placés par tous les esprits éclairés *au-
dessus des majorités*, c'est-à-dire à l'abri
des *remous* de l'opinion, pour ne pas être
incessamment remis en question, ce qui
exposerait une société à tourner à tous
les vents. Ces principes, une fois recon-

nus, enfoncés et enracinés dans le sol national, sont comme des points fixes et stables sur lesquels reposent les moteurs et les leviers qui engrènent tout l'organisme social. Tels sont la propriété, la liberté individuelle, la liberté de conscience, etc., etc. Une fois proclamés et mis en œuvre, leur application n'est plus qu'une question de *limitation*, qui a bien, je le confesse avec vous, ses difficultés et ses périls, puisque chacun de nous voudrait voir poser la limite au point précis où il la placerait lui-même. N'importe, passons !

Ce qui nous sépare, ce qui creuse un abîme entre nous (abîme qui ne sera peut-être pas comblé de sitôt !), c'est que vous ne mettez pas la République, je veux dire *l'idée républicaine*, au nombre de ces principes *essentiels* à toute société moderne où l'idée du *droit politique* a germé.

Essayons donc de résoudre cette difficulté. Cherchons un pont pour franchir cet abîme.

Vous avez répudié hautement la tradition du *droit divin* qui fait d'un peuple un héritage providentiellement dévolu à une famille choisie entre toutes, pour régner à perpétuité sur une race à travers toutes les vicissitudes historiques. En ceci vous vous écartez résolument des doctrines des anciens théoriciens de la royauté, et vous avez raison : car ces doctrines sont un *non-sens* et une insulte à l'humanité. Mais si vous répudiez le droit divin, il ne vous reste à invoquer d'autre principe que la *souveraineté nationale*, idée qui a filtré dans les esprits pendant le cours des siècles et dont l'embryon existe déjà en plein moyen-âge, mais qui n'a reçu sa formule et sa consécration que *de la Révolution*. Vous voici donc déjà un peu révolutionnaire, c'est-à-dire, que vous le vouliez ou non, dans les rangs de ceux qui tracent des limites à la royauté, qui lui disent : *Tu n'iras pas plus loin,* sinon je te supprime ! Car si la souveraineté populaire n'a pas ce droit, elle reste à l'état de pure fiction, à l'état de chimérique trompe-l'œil.

Dès que vous admettez la *souveraineté nationale,* ou elle n'est qu'un mot sonore et pompeux, vide de sens (*inania verba !*), ou elle doit *primer* la royauté qui n'est plus que l'exercice d'un simple mandat conféré à un moment donné par la nation tout entière, librement consultée et contractant librement. C'est bien là ce que vous voulez, n'est-ce pas ? Ce que vous demandez, c'est bien le renouvellement, le rajeunissement de l'antique *délégation* (plus ou moins confuse, plus ou moins légendaire) déférée à la maison de France dans la personne de Hugues, duc de France, ce fondateur des Capétiens, dont le poète de l'*Enfer* a dit : *Ses aïeux étaient bouchers dans Paris.*

Nous voici donc en présence d'un

principe que vous et moi nous reconnais-
sons, d'un *principe* qui nous est commun,
et ce *principe*, c'est la *souveraineté nationale*.

A qui demanderez-vous pour M. de
Chambord la *délégation?* à qui, si ce
n'est à cette même *souveraineté nationale?*

Est-il possible qu'elle la lui donne ? En
fait, oui ! mais en droit, en équité, en
logique, en bon sens, vous allez voir que
non.

Serrons la question.

Qu'est-ce qu'une délégation ? Dans la
langue du droit, et dans le sens le plus
large, c'est le pouvoir légalement donné
d'agir au lieu et place de celui qui le
donne.

Celui qui délègue un pouvoir a-t-il
droit de le reprendre quand bon lui
semble ? Evidemment oui, sauf conditions contraires, *qu'un juge* apprécie.

Mais si en droit *civil* on peut contracter pour soi, ses descendants et ses ayants-cause (et encore la prescription, la désuétude et la force des choses corrigent cette rigueur du droit privé), peut-il en être de même en droit politique, en matière de contrat social? Heureusement, non ! Nulle génération ne peut, ni en *fait* enchaîner celle qui lui succède, ni en *équité* prétendre à l'enchaîner. Qui ne voit que ce serait là la plus vaine des utopies ! Car ce contrat n'est susceptible d'aucune sanction. Dès lors que vaudra-t-il ? Empêcherez-vous vos fils et vos neveux de défaire ce que vous aurez fait ? Donc, en voulant jeter le fondement de votre *délégation*, vous bâtissez dans un sable mouvant.

D'ailleurs, pour combien de temps et sous quelles conditions accorderait-on cette délégation ?

Si c'est pour un laps de temps *indéfini*, vous n'avez rien fait, tout peut être remis en question le lendemain.

Si c'est pour un temps *déterminé*, il faudra (en supposant qu'on arrive sans encombre à l'échéance), il faudra un nouveau plébiscite.

Dans l'un ou l'autre cas, ce n'est plus la monarchie héréditaire, mais la monarchie élective. Nous voici bien près de la République : ce n'est plus la Royauté, c'est le *Stathoudérat !* Est-ce là ce que vous voulez ? Je ne le crois pas.

Et quant aux conditions du pacte politique, qui sera *juge* de savoir si elles sont observées ? Est-ce le roi ? Alors il jugera sans appel dans sa propre cause. Est-ce un tribunal supérieur émané de la nation ? Alors votre roi ne sera qn'un commis aux gages, que la magistrature suprême, investie de la souveraineté nationale, pourra casser irrévocablement. Et s'il se refuse à souscrire à l'arrêt, nous retombons dans la Révolution, *ultima ratio !* Le roi est-il vainqueur, c'est la souveraineté nationale foulée aux pieds, outragée et confisquée ! — Est-il vaincu, c'est la société ébranlée dans ses fondements, c'est peut-être pour quelque temps le règne de la multitude en délire, l'éclipse de toutes les lois protectrices, et le triomphe, non de la démocratie régulière, mais de *l'ochlocratie* déchaînée comme un élément aveugle !

Mais ce n'est pas tout : allons plus loin, allons jusqu'au bout.

Voici M. de Chambord installé aux Tuileries, reconstruites exprès pour loger le *délégué* qu'appellent vos vœux les plus fervents.

Quelque soit votre culte pour lui, il ne saurait aller jusqu'au fétichisme, n'est-ce pas ? Si vous admettez le dogme de l'infaillibilité du pape, vous ne songez pas, du moins, à l'étendre à la personne royale. Étant homme, il est exposé à commettre toutes les fautes dans lesquelles un homme peut tomber ; étant roi, c'est-à-dire forcément trompé, adulé, encensé, il est condamné à toutes les erreurs, à tous les égarements d'un être exceptionnellement placé si haut que, même en le supposant doué de facultés supérieures, il ne peut se soustraire au vertige.

Nous pouvons donc, sans irrévérence, admettre cette hypothèse, que le roi, quel qu'il soit, se laisse entraîner à des actes qui soulèvent l'opinion publique.

N'oubliez pas que le roi n'est qu'un *délégué*, et qu'il ne tient ses pouvoirs que de la nation. — Que direz-vous si, alors, cette nation irritée se remet en mémoire la lugubre et lumineuse argumentation de Sieyès? Vous rappelez-vous cet effrayant syllogisme dont les anneaux se tiennent si étroitement !

« Qu'est-ce que le Roi?

» C'est le délégué de la souveraineté » nationale : c'est le mandataire du » peuple.

» Si le roi est notre mandataire, il
» doit rendre des comptes ;

» S'il doit rendre des comptes, il est
» sujet à contrôle ;

» S'il peut être contrôlé, il est res-
» ponsable ;

» S'il est responsable, il est punis-
» sable ;

» S'il est punissable, il l'est selon ses
» mérites ;

» S'il doit être puni selon ses mérites,
» il peut être puni de MORT, » — si,
malheureusement, la peine capitale n'est
pas abolie !

Alors peut-être se trouverait-il encore
une assemblée implacable pour *renvoyer*
le roi félon ou martyr devant Dieu, *son
juge naturel* (ainsi que disait M. de
Bonald, sous la restauration, en parlant
des conspirateurs).

Alors nous pourrions voir encore
(*Di omen avertant !*) se dresser sur nos
places publiques l'échafaud politique en

permanence; car l'on sait que quand ce hideux instrument apparaît, il prend racine dans le sol et répand le sang des héros aussi bien que celui des traîtres !

Je me résume :

Ou votre *délégation* s'exerce sans terme, mesure, ni contrôle, et elle finit par absorber la toute-puissance, et dans ce cas elle est la confiscation, la négation de la souveraineté nationale, à laquelle elle ne rend qu'un hommage dérisoire et hypocrite;

Ou cette délégation est mesurée, limitée, contrôlée. — Mais pour que cette mesure, cette limite et ce contrôle soient sérieux et efficaces, il faut que la délégation soit donnée à brève échéance, et, en *de certains cas prévus*, perpétuellement *révocable :* alors ce n'est ni la royauté héréditaire, ni la royauté viagère, ni la royauté élective, ni le stathoudérat, c'est la République démocratique.

D'où il résulte que la souveraineté,

pour être *réelle*, ne peut et ne doit ni s'a-
liéner ni se prescrire ; qu'aucune frac-
tion du peuple, *même la majorité*, ne
peut s'en attribuer l'exercice ; qu'elle est,
dans son essence même, la propriété de
la nation tout entière, non de la majorité,
mais de *l'universalité*, qui ne saurait s'en
dépouiller sans forfaiture, sans un lâche
abandon du droit de ses enfants ; qu'elle
ne peut être déléguée que pour un laps
de temps très court, variable selon les
circonstances ; qu'elle doit rester toujours
révocable ; qu'enfin la souveraineté nationale n'a d'autre terme corrélatif, d'autre
forme rationnelle et logique que la République qui en est le corollaire obligé ; —
que cette expression la *République (en
droit) antérieure et supérieure au suffrage
universel*, est identique à celle-ci : la *souveraineté nationale* (principe devant lequel
vous vous inclinez) inaliénable et impres-
criptible, toujours présente, toujours vi-
vante, toujours agissante, ou du moins

toujours en mesure d'agir, et ne reconnaissant d'autre prérogative que la sienne.

En d'autres termes, la République, c'est *la souveraineté nationale elle-même.* — Voilà pourquoi — dans ma conscience et ma raison — je la place *au-dessus des majorités*, ainsi que le suffrage universel lui-même, auquel je ne reconnais pas le droit de se suicider, ce qui cependant pourrait bien lui arriver un jour, *inconsciencieusement*, tant il est encore peu éclairé, tant son éducation, faussée, viciée par vingt ans d'Empire, a tourné contre lui-même ! — Mais s'il se blesse, s'il se mutile, s'il se tue même, il renaîtra, d'autant plus terrible pour ceux qui l'auront endormi, surpris et confisqué !

En vous exposant mes idées, je n'ai nul espoir de vous y amener, car *votre siége est fait !* Mais si vous avez jamais réfléchi aux rapports de la royauté et du suffrage universel, vous conviendrez peut-être qu'il y a entre eux *incompati-*

bilité absolue et que leur accouplement forcé ne peut produire en politique qu'un système bâtard, métis et stérile, c'est-à-dire des catastrophes avec de courts entr'actes. Car de deux choses l'une, ou le roi constitutionnel est le docile serviteur du suffrage légalement exprimé, et alors la royauté n'est qu'un rouage parasite, mais fort coûteux, qui peut être avantageusement remplacé ; — ou bien le roi résiste au *suffrage*, et alors la Royauté devient la négation de la souveraineté nationale ; la compression règne, ou la révolution éclate.

La vérité est que la Royauté ou l'Empire, la monarchie enfin, mise en regard de la souveraineté nationale, c'est le conflit perpétuel, parce que c'est le mensonge organisé, c'est la menace de collisions effroyables, c'est la Révolution tous les quinze ou vingt ans. Voilà la stabilité qu'à notre époque la monarchie peut nous promettre ! Quelle perspective !

Je ne suis pas un contempteur de la Royauté dans le passé. Malgré d'effroyables abus, elle a eu, je le reconnais, sa raison d'être, sa légitimité relative! Elle a mis de l'ordre dans le chaos, de la lumière dans les ténèbres, elle a amené notre unité nationale, c'est sa gloire; mais depuis Henri IV — qui en est à mon sens la personnification la plus nationale, la plus heureuse et la plus élevée (bien qu'il fît pendre les braconniers!) — elle n'a fait, malgré le faste et les conquêtes de Louis XIV, que préparer sa propre ruine et celle de la France, en accumulant fautes sur fautes ou crimes sur crimes! Louis XVI, *vertueux impuissant*, paya pour ses aïeux.

> Quand il a neigé sous le père,
> L'avalanche est pour les enfants!

Depuis cette époque, la Royauté est morte, bien morte. Vous pourrez évoquer son fantôme et l'asseoir un moment sur le trône, vous ne la ressusciterez pas ! Vous ne la ferez pas vivre et durer !

C'est un dogme *fini*, épuisé, à tout jamais fini. Il a fait son temps, il ne peut plus rien pour l'avenir de la civilisation en France, pas plus que le catholicisme, dont pourtant je ne méconnais pas la grandeur historique. Ces deux *religions* n'ont plus de croyants, de dévots, de fervents prosélytes : elles n'ont que des *partisans* parce qu'elles sont encore très-bien portées dans le monde, qu'elles n'ont rien de bien sévère dans la vie et qu'elles représentent encore une masse d'intérêts matériels considérables, bien que peu légitimes. Mais le catholicisme survivra longtemps à la Royauté, car le catholicisme peut se réclamer de la liberté de *conscience* à laquelle il a droit dans la mesure commune à tous les cultes ; il peut subsister sous une République et vivre à l'état de grande secte qui s'achemine doucement au tombeau, et qui, dans sa dernière léthargie, serait encore capable de retrouver une veine d'héroïsme si on commettait la maladresse et l'indignité de persécuter le vieillard que décore un reste d'auréole.

Il n'en est pas de même de la Royauté.

Aujourd'hui, — disais-je dans un article altéré, mutilé, défiguré, inséré par tronçons informes dans l'*Indépendant rémois* le 8 Février, le jour même des élections à l'Assemblée nationale, dans ce même article auquel vous avez emprunté la fameuse phrase qui a eu l'honneur de défrayer votre polémique et que vous avez religieusement reproduite chaque jour en tête de votre feuille, en lettres capitales, comme ma sentence d'excommunication, comme un *Mané—Thécel—Pharès*, un *mauvail œil* qui devait me fasciner et me conduire tête baissée à l'abîme. — « Aujourd'hui, tout le monde » le comprend, la monarchie — n'im- » porte laquelle — c'est d'abord l'héré-

» dité de la couronne qui fait d'une
» nation une succession, un héritage
» pouvant tomber des mains d'un sage
» dans celles d'un fou, d'un idiot;
» c'est le hasard qui abandonne aux
» caprices ou à la folie d'un seul homme
» la fortune, la grandeur et l'existence
» même d'une nation : car quel est le
» roi qui renonce au droit de paix et de
» guerre ! C'est de plus une armée per-
» manente, ruineuse pendant la paix,
» insuffisante pour la guerre, une armée
» qui n'est plus la milice nationale, mais
» une effroyable machine de destruction,
» puissante pour la ruine de la liberté,
» dans la main d'un despote, nulle pour
» la défense du pays, quand elle est
» transformée par le favoritisme et l'i-
» gnorance en un corps de prétoriens.
» C'est encore la corruption semée au-
» tour du trône par les intrigants sans
» nombre intéressés à tromper l'œil et
» l'oreille du maître. C'est enfin le tra-

» fic des places, des croix, des cordons
» distribués à cette cohue de courtisans,
» *sans honneur et sans humeur*, dorés,
» galonnés, blasonnés; à tous ces grands
» seigneurs titrés, chamarrés, qui, pour
» un homme de cœur, offrent vingt valets
» choisis souvent dans la fine fleur de
» l'aristocratie (1).»

La Royauté — même la meilleure —
en la supposant toujours aux mains d'un
homme juste et éclairé, c'est encore forcément le privilége sous bien des formes;
et, dans un temps donné, le privilége
aboutit fatalement à la corruption qu'il
engendre. « Rien ne pouvant légalement
» s'exécuter sans le concours de la majo-
» rité des Chambres, la vénalité devient
» le grand ressort du Gouvernement. On
» corrompt les électeurs, on corrompt
» les députés, on corrompt les fonction-

(1) Voir Saint-Simon et tous les mémoires
où la bassesse des cours est ingénûment dé-
voilée par ceux qui souvent en profitent.

» naires, on corrompt les écrivains, on
» achète tout ce qui veut se vendre. »

Ainsi l'on a fait sous tous les régimes des royautés déchues; mais l'Empire avait bien perfectionné ce système de démoralisation. Il *raffinait*, lui, et il faisait *grand* : il corrompait le *peuple tout entier*, et s'attachait, pour durer, à entretenir, à exploiter l'antagonisme des classes aisées et des classes laborieuses, des villes et des campagnes. Il spéculait sur la peur des unes et sur les convoitises des autres. Sa légitimité à lui, c'était de *représenter* toutes les mauvaises passions qui fermentent, tous les instincts fangeux qui germent dans toutes les couches d'une société en travail de transformation. Il jetait sur les immondices officielles et privées un superbe manteau, celui de *l'ordre public*, qui dérobait tout aux yeux des crédules et des myopes. Maintenant, la lumière s'est faite : on voit clair dans le gouffre que l'impérialisme a creusé sous nos pieds. L'Empire n'a plus de *partisans :* il n'a que des *complices !*

Mais quelle que soit notre aversion pour les monarchies, nous ne ferons pas à la Royauté plus ou moins constitutionnelle et surtout à la Royauté telle que la comprennent et la préconisent l'école de M. de Genoude et celle de M. Laurentie, l'injure de la mettre au niveau de l'Impérialisme.

A notre point de vue, la Royauté est un *non-sens* politique : l'Empire, né d'un guet-apens sans égal dans l'histoire, est un non-sens et *une honte*, la plus immonde souillure de nos annales ! . .

. . . .

La République, elle, disais-je encore le 8 Février, n'est pas solidaire des excès et des crimes qui ont ensanglanté son berceau, de même que l'historien équitable ne doit, que pour une faible part, mettre à la charge de la Royauté le massacre des Albigeois et le carnage de la

St-Barthélemy. En général, les grands forfaits historiques sont bien moins le produit d'une *institution* que d'une *époque* climatérique. Marat, Hébert, Lebon, Carrier et tant d'autres à qui la Révolution doit son auréole de terreur, restent des monstres enfantés par d'épouvantables convulsions sociales, sans que, pour tout esprit sensé, leur insanité féroce puisse être invoquée comme un argument contre la doctrine républicaine. Les excès sans nombre prouvent bien plutôt contre la monarchie qui n'avait pas travaillé à l'éducation du peuple, et qui avait maintenu un régime d'oppression séculaire, ce *régime* que nos pères ont détruit au milieu de l'enthousiasme presque universel.

La République de l'avenir, celle que nous voulons, celle qui s'établira, si elle n'a pas encore à lutter contre des résistances insensées qui, en l'exaspérant, pourraient encore l'entraîner hors des voies de la justice, c'est celle du droit commun, c'est le règne de la loi et de la loi pour tous. C'est l'acheminement à la fusion des classes par l'éducation largement donnée au début de la vie, plus tard par la fraternité des camps et des champs de bataille, par la multiplicité des concours, par la pratique des devoirs civiques. Elle doit assurer et protéger également les droits de tous les citoyens, sans distinction de fortune ou de position. Elle doit, dans un temps donné, dissoudre les vieux partis, concilier le patron et l'ouvrier, répandre l'instruction dans toutes les zônes, améliorer, par le jeu naturel des institutions de crédit et de prévoyance, la condition morale et matérielle des travailleurs, régénérer enfin notre pays, qui semble être depuis 80 ans le théâtre prédestiné pour tous les cataclysmes, pour toutes les expériences les plus douloureuses.

Ah ! certes, Monsieur le Rédacteur, je

suis bien de votre avis : il est temps d'en finir avec les révolutions ! Encore quelques-unes et la France perdrait jusqu'à la notion du bien et du mal, et le monde, qui a les yeux sur nous, pourrait prononcer l'arrêt funèbre, l'arrêt de mort : *Finis 'Galliæ !* Vous et moi, Monsieur, nous comprenons le péril, et tous deux nous jetons le cri d'alarme ! mais, pour vous, l'ancre de salut, c'est la royauté adossée à l'autel ; pour moi, c'est la République en France, comme noyau initial de la Fédération continentale des futurs États-Unis d'Europe, rêve monarchique d'Henri IV, que la démocratie internationale réalisera un jour ! Pour vous, l'antique tradition, rajeunie, restaurée, peut sauver la patrie. Pour moi, la leçon suprême que l'Empire a donnée à la France ne saurait être perdue, parce qu'elle ne saurait être oubliée. Il a tué, j'espère, à jamais le système monarchique dans le pays. C'est le seul service qu'il nous aura rendu, et nous l'aurons payé assez cher !

Est-ce à dire, tout républicain que je suis, que je rêve, avec la République, la *Salente* de Fénelon, l'*Utopie* de Morus, la *Cité* de Campanella, le *Phalanstère* de Fourier, ou l'*Icarie* de Cabet ? Loin de là ! Je ne suis pas dupe de ces illusions, et, tout en appréciant à de certains égards le mérite et la valeur des philosophes réformateurs, leurs conceptions, jugées par le côté pratique, ne m'inspirent guère qu'une indulgente et platonique curiosité. Je suis de ceux qui croient au contraire que la République ne finira pas toutes nos épreuves. Le mot en lui-même n'est rien, ou presque rien. Avec le mot il faut la *chose*, et pour avoir la *chose*, il faut d'abord le *temps*, puis le concours et la bonne volonté des esprits honnêtes et sensés ; il faut le sentiment du *droit* et du *devoir*. Nous sommes encore loin de compte ! Et puis, quels redoutables problèmes, sinon à résoudre *hic et nunc*, du moins à étudier, à préparer ! Les questions économiques, les questions qui touchent au prolétariat (les plus redoutables de toutes), les questions qui touchent à l'impôt, à l'armée, à l'instruction publique, aux rapports de l'Eglise et de l'Etat, au commerce, à l'industrie. Et l'*Internationale* comme un point noir à l'horizon ! Et le paupérisme, et l'ivrognerie, cette plaie dégoûtante à guérir !

Ah ! certes, il ne faut se dissimuler ni les inconvénients, ni même les dangers de la démocratie. C'est le cas de dire avec l'antique historien : *Malo periculosam libertatem quàm ignaviam servitutis.* Mais ne nions pas les écueils où nous pouvons échouer ! Insensés et faux prophètes, ceux qui vont disant que la République est la panacée de tous les maux de la société, et qu'elle doit ramener le fabuleux âge d'or ou réaliser ici-bas le fantastique Paradis rêvé par les Uto-

pistes. Ecartons ces chimères, ces hallu-
cinations malsaines. Voyons les choses
virilement, sous leur vrai jour, et disons
simplement ceci : Par l'hérédité installée
au sommet du Pouvoir exécutif, la Royauté
est la *négation* même de la souveraineté
nationale, seul et unique principe des
sociétés modernes, seule et unique base
du droit politique. La République en est
au contraire la première et l'*indispen-
sable* condition. *Avec elle* rien n'est *fait
sans doute*, mais *sans elle* rien *ne peut* se
faire dans l'ordre rationnel et durable.
Elle est l'assise fondamentale sur laquelle
les sociétés doivent bâtir, le roc qui doit
porter l'édifice de l'avenir. Elle n'est que
cela, mais c'est beaucoup, c'est tout que
d'avoir en politique un point d'appui
solide. Ayez avec cela un levier, la
liberté, et vous soulèverez le vieux
monde! Mais il faut être d'accord au
moins sur le *fond de la question*. Tant
que nous oscillerons entre la monarchie

ou la démocratie, nous ne ferons rien de bon. Nous serons ballottés de tempêtes en tempêtes, et si nous dormons, ce sera sur le volcan ! *Pas de contrat social sans République.* Maintenant le contrat vaudra ce que vaudront les contractants. Si nous sommes des êtres capables de justice et de liberté, la République nous facilitera une société juste et libre. Si nous sommes incapables d'exercer des *droits* et de remplir des *devoirs*, nous retomberons dans l'Empire ou la Royauté; le sceptre et la verge d'un monarque nous rendront encore plus corrompus, plus misérables, plus avilis. Au peuple qui abdique, le destin ne peut réserver que honte, servitude et tyrannie, fausse sécurité, rompue à coups de catastrophes. Au peuple qui sait se gouverner lui-même, la liberté ouvre un champ de lumière, de progrès et de moissons infinies ! La République est le seul chemin qui conduise à ce monde de l'avenir ;

la monarchie nous y ferait tourner le dos !

Maintenant, quelques lignes sur les élections qui viennent d'avoir lieu.

Vous avez raison, Monsieur le Rédacteur, la confiance des Electeurs du troisième canton m'impose une lourde charge. Personne plus que moi ne rend justice à mon honorable prédécesseur au Conseil général, M. Henri Paris. Personne plus que moi n'apprécie son talent de bon goût, sa parole limpide, sa connaissance des affaires, et sa parfaite aménité, unie à un rare sentiment de dignité personnelle. Si, comme vous l'avez compris, ainsi que tous les journaux de couleur décidée, qui tranchent avec les hermaphrodites ou plutôt avec les eunuques de la presse, si, dis-je, les élections, en raison de l'importance de la loi nouvelle, n'avaient dû forcément, dans toute la France, contracter un caractère politique qui dominait les autres considérations, jamais je n'eusse consenti à me laisser porter contre un candidat auquel ses adversaires ne pouvaient reprocher qu'une attitude par trop lymphatique et par trop amphibie dans sa circulaire du 8 Février dernier. Au refus de mes amis, je me suis décidé à entrer en lice contre M. H. Paris, malgré ses états de service au conseil général. Le succès — un succès plus complet que je ne devais m'y attendre — m'a donné la succession de votre candidat, un peu malgré moi, et bien malgré vous. Mal préparé aux questions administratives, auxquelles je n'ai pas touché depuis mon passage à la Sous-Préfecture en 1848, j'aurai, je le sais, un noviciat rude et laborieux. Dans les fonctions que le suffrage me confère, je ne puis apporter tout d'abord que la bonne volonté, l'application et un vif sentiment de mes devoirs. Mais dès aujourd'hui, je tiens à déclarer que, si je suis l'*élu* d'un parti auquel je m'honore d'appartenir, je considère que, par le vote de dimanche, je deviens de droit le *représentant* de *tous* les Electeurs du troisième canton, sans acception de couleur, et qu'à partir de ce jour *je me dois à tous.*

De plus, mon prédécesseur m'a donné un excellent exemple que je m'engage à suivre : c'est de rendre à mes commettants, à la fin de chaque session, un compte fidèle et détaillé de mes actes au Conseil . . . .

. . . .

A propos, Monsieur le Rédacteur, avant de terminer cette lettre déjà trop longue, je dois vous chercher une petite querelle, toute personnelle. Un jour, je ne sais plus lequel, vous m'avez apostrophé du nom d'*athée.* — Athée n'est pas une injure, j'en conviens, et je sais de très-honnêtes gens, esprits très-éclairés, caractères très-dignes, qui acceptent cette qualification. J'ai parmi eux quelques-uns de mes meilleurs amis. — Mais

moi! où avez-vous pris que je suis athée?
De quel droit vous permettez-vous de me
donner un certificat d'athéisme? Quel
acte, quelle ligne imprimée, quelle parole de moi, *publique* ou *privée*, vous
autorise à me classer au rang des néga-
teurs de la divinité? Est-ce parce que je
suis républicain? Est-ce parce que je ne
suis ni protestant, ni catholique, ni juif,
ni musulman? Alors, je me permettrai
de vous le dire, ce n'est pas à l'univer-
sité que vous avez appris votre logique,
et celui qui vous l'a vendue, si vous
l'avez payé cher, vous a volé votre ar-
gent. Non, monsieur, je ne suis pas
athée : j'ai, comme tout le monde,
comme vous-même, — tout bon catholique que vous êtes…, peut-être, — mes
heures de scepticisme, mes accès de dé-
faillance et de découragement, en un
mot, mes intermittences de *foi ;* mais la
croyance en un Être suprême est enra-
cinée au plus profond de mon *moi :* elle

survit à toutes les déceptions, elle sur-
nage dans le naufrage de toutes mes illusions. Je crois au Dieu de Leibnitz, de
Franklin et de Washington. Mais je
n'éprouve aucun besoin de lui donner
une *figure*, de lui ménager une *mise en
scène*, et de faire, dans ce bas monde,
la *police* en son nom. J'y crois, parce
que je vois dans l'ordre physique et dans
l'ordre moral une série de lois, et que
toute loi suppose un législateur, comme
tout plan un géomètre, comme toute
horloge un horloger, comme tout édifice
un architecte ! J'y crois, parce que je
sens en moi l'idée de l'*infini*, que je
conçois sans pouvoir l'embrasser ni le
comprendre. Enfin, que voulez-vous, je
crois encore,— *(proh pudor!)*,— je crois
aussi au *Dieu des bonnes gens!* Je ne
pense pas que ce soit le vôtre. Et si vous
m'objectez que cela fait de bon compte
deux Dieux, et qu'alors je tombe dans
le paganisme, dans l'idolâtrie, je vous

dirai que, si vous êtes orthodoxe, vous devez croire à *trois* Dieux en une seule personne, et que, si je vous en passe *trois* sans difficulté, il serait vraiment peu charitable à vous de ne pas m'en passer *deux*. J'ai peut-être aussi ma petite recette théologique pour de ces *deux* n'en faire *qu'un* seul. Mais ceci est mon affaire !

Agréez, Monsieur le Rédacteur, mes saluts empressés, et, si vous m'en croyez, vous et moi, *ne damnons personne;* ce n'est peut-être pas très-catholique, mais c'est plus humain et plus sûr.

Eug. COURMEAUX,

Ex-Bibliothécaire de Reims.

POST-SCRIPTUM

Reims, 17 Octobre 1871.

Au moment de vous adresser cette lettre dont l'impression a subi des retards par suite des élections, je trouve encore dans votre journal deux phrases — parmi beaucoup d'autres — que je me crois obligé de relever : l'une qui me vise personnellement, l'autre qui s'attaque au parti auquel j'appartiens.

Dans votre numéro des 15 et 16 Octobre, vous dites : « *La République ne veut plus de la religion catholique : demandéz plutôt à M. Courmeaux !* »

Qu'entendez-vous par ces paroles ? comme on dit au catéchisme.

Voulez-vous dire qu'en ce qui me concerne, je considère la religion catholique comme l'expression d'un dogme qui ne peut plus posséder et diriger les sociétés modernes, et qui doit faire place peu à peu à une conception différente des rapports de l'homme avec la Divinité, rapports qui, selon moi, doivent admettre la plus grande somme de liberté possible pour la conscience individuelle? Alors vous avez pénétré ma pensée. Je suis en effet de ceux qui professent que cette maxime : *Hors l'Eglise, point de salut!* est tout simplement un outrage à l'intelligence, au bon sens, et à l'inviolable sainteté de l'âme, et j'ajouterai, une odieuse menace pour influencer les *faibles*.

Avez-vous voulu dire que si les choses marchaient au gré de mes désirs; si la République, *constituée*, venait aux mains de ceux que vous appelez un peu vaguement *radicaux*, on devrait fermer les églises, proscrire le culte, persécuter les prêtres et les croyants, en un mot rendre un nouveau Décret *théodosien* et traiter le catholicisme comme celui-ci a traité la religion dont il prenait la place, en l'extirpant sans pitié par le fer et le feu ?

Alors vous vous méprenez sur ma pensée, et je dois protester contre votre traduction. Pour moi, le vieux câble qui relie l'Eglise à l'Etat est le nœud gordien qu'il faut trancher. Ce point obtenu, — la séparation des deux puissances — il faut tout attendre du temps, de l'instruction, de l'élaboration des idées. Le culte et les ministres à la charge des fidèles, la liberté des dispositions en faveur de l'Eglise sous réserve des droits de la famille, et en maintenant certaines barrières légales contre la captation, enfin le droit commun pour toutes les communions strictement contenues dans leurs temples : voilà, selon moi, les principes qui devraient prévaloir dans la législation future. Quant à la *compression*, l'Etat ne peut et ne doit y recourir que si une secte quelconque venait à s'insurger contre ce *droit commun régulièrement*

proclamé et *appliqué*, et qui devra concilier les règles de l'équité générale avec
le plus scrupuleux respect de la liberté
de conscience individuelle. Aller plus
loin, c'est verser dans le privilége ! Tant
pis pour les catholiques, s'ils demandent
plus que ce qui est juste ! Ils ne l'obtien-
draient pas, si cela dépendait de moi. Si
donc le programme que j'esquissais tout-
à-l'heure vous paraît, comme je le crains,
insuffisant, faites tous vos efforts pour
que je n'aie jamais voix au chapitre.
Mais croyez bien que, *dans la limite* que
je viens de tracer, votre *droit* m'est aussi
sacré que le mien propre (que vous ne
reconnaissez pas !), et que je suis homme
à les défendre tous deux avec une égale
conviction, avec une égalé énergie.

J'arrive à l'autre imputation, celle qui
s'adresse à mon parti.

Elle est révoltante !

Dans votre numéro du 17, vous dites
(1re page, 3e colonne) :

« Encore une fois, ce n'est pas la
» République que VEULENT aujourd'hui
» ceux qui l'acclament le plus fort ; c'est
» le *désordre*, le *bouleversement*, la
» *ruine sociale !* » Y avez-vous bien
songé, monsieur ? Par ces paroles, vous
jetez l'anathème à des millions de vos
concitoyens. Donc il ne s'agit plus de
combattre des opinions, des convictions
qui peuvent être à votre point de vue des
erreurs condamnables. Non, vous vous
érigez en juge suprême, et vous ne crai-
gnez pas de vous arroger un droit exor-
bitant qui ne peut appartenir qu'à Dieu
lui-même, celui *de lire dans les cœurs*,
de sonder, en dernier ressort, ce qu'il y a
de plus intime, *l'intention*, ce qui absout
ou ce qui condamne la créature devant
le Créateur ! Qui vous a donné cette in-
tuition ? Qui êtes-vous pour insulter,
flétrir et marquer au fer rouge vos adversaires, pour les avilir et les ravaler au
niveau des voleurs et des assassins ? De

quel front venez-vous dire : « *Ils* VEULENT *le désordre, le bouleversement, la ruine sociale !* Dans quels termes parleriez-vous donc des bandits, des incendiaires, des criminels qui font la honte de l'humanité? Nous vous accusons de poursuivre une politique désastreuse selon nous, de *vouloir* faire revivre plus ou moins un régime exécré, nous ne vous accusons pas de VOULOIR la ruine sociale! Pourtant, je ne vous dénoncerai pas, moi! Je ne dirai pas que vous tombez, lorsque vous proférez ces insultes, sous le coup d'un article du code pénal, en excitant les Français à la haine des uns contre les autres. Non, je crois que le bon sens public suffit à faire justice de pareilles calomnies, que la cause qui les emploie est une cause perdue, et que le mépris de vos concitoyens sera le juste châtiment de ces odieuses provocations; mais je vous dirai : Que devient, chez vos pareils, ce grand principe de la *charité chrétienne,* le plus sublime du code évangélique? Et vous avez l'impudeur de vous dire sectateurs du Christ! Mais il vous renierait pour ses disciples! Je ne vous demande pas de pousser l'abnégation et l'humilité jusqu'à tendre la joue aux soufflets : vous auriez peut-être trop à faire ! mais ne pouvez-vous, en attaquant vos adversaires, respecter en eux et en vous le sentiment de la dignité humaine et ne pas les noircir à plaisir pour avoir plus facilement raison d'eux ?

Tant de fiel entre-t-il dans l'âme des dévots?

Si vous étiez de vrais chrétiens et non des *catholiqueurs* affamés de pouvoir, qui jouent leur va-tout *per fas et nefas*, vous chercheriez à convaincre, à persuader; vous nous traiteriez en frères égarés, si nous sommes tels à vos yeux; mais vous ne mentiriez pas à votre conscience en nous traitant de misérables!

J'avais eu tout d'abord la bonhomie de m'y tromper !

J'avais presque espéré rencontrer en vous des lutteurs avec lesquels il y a toujours honneur et quelquefois profit à croiser la plume : maintenant la lumière est faite et le doute n'est plus possible !

Quoi que vous en disiez, vous n'êtes pas un journal *religieux :* vous êtes un pamphlet *clérical !*

Vous n'êtes pas des *chrétiens :* vous êtes de purs ultramontains, et, comme dirait votre maître le grand insulteur, le vertige qui vous emporte vous fait perdre jusqu'à la *tramontane !*

Vos inspirations haineuses, vous les puisez non dans le *sanctuaire,* mais dans la *sacristie,* c'est-à-dire dans la boutique, et quelle boutique !!

En vérité, vous prenez bien votre temps pour *tomber* les républicains, quand la France, que vous dites aimer, est exposée chaque nuit à un nouveau guet-apens bonapartiste! Après tout, peut-être, cela vous est bien égal, pourvu que le *pape-roi* soit restauré, et Napoléon l'essaierait sans doute !

Mais que servirait de discuter? Entre vous et nous, aucun principe commun, aucun point de départ, aucun axiôme qui puisse servir de fil conducteur. Le plus grand esprit de l'Allemagne, Gœthe, a appelé le catholicisme *un paganisme baroque*. Je ne sais s'il avait raison, mais ce que je sais, c'est que la logique des Veuillotins n'est pas la mienne : car si j'avais dit de vous la moitié de ce que vous dites de nous, je me croirais bien près d'être un malhonnête homme, tandis que j'ai tout lieu de penser que nous n'éprouverez pas le moindre remords de vos incontinences. Cela ne prouverait peut-être qu'une chose, c'est qu'il y a conscience et conscience, comme il y a fagots et fagots. Grand mystère! que ni vous ni moi ne résoudrons !

En m'imaginant, trop naïvement peut-être, que vos imputations valaient la peine d'être relevées, je ne sais vraiment si je ne leur ai pas fait trop d'honneur.

Quoi qu'il en soit, agréez, je vous prie, Monsieur, avec l'assurance de ma sincère indignation, celle des sentiments que votre polémique inspire à tout honnête homme.

E. C.

Reims, Imp. et Lith. de E. Luton, rue Cérès, 17.

REIMS

IMPRIMERIE DE E. LUTON

Rue Cérès, 17.

www.ingramcontent.com/pod-product-compliance
Lightning Source LLC
Chambersburg PA
CBHW061249050726

47594CB00004B/1434